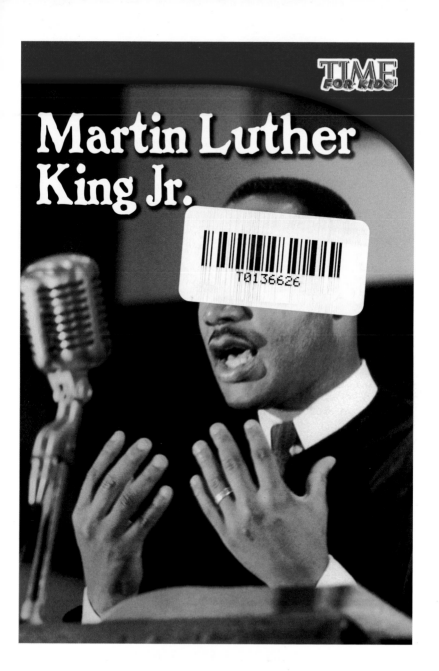

# Martin Luther King Jr.

T0136626

**Dona Herweck**

## Asesor

**Timothy Rasinski, Ph.D.**
Kent State University

## Créditos

Dona Herweck Rice, *Gerente de redacción*
Robin Erickson, *Directora de diseño y producción*
Lee Aucoin, *Directora creativa*
Conni Medina, M.A.Ed., *Directora editorial*
Ericka Paz, *Editora asistente*
Stephanie Reid, *Editora de fotos*
Rachelle Cracchiolo, M.S.Ed., *Editora comercial*

### Créditos de las imágenes

Cover Time & Life Pictures/Getty Image; p.2 Studio_G/Shutterstock; p.3 Cico/Shutterstock; p.4 Martin Luther King, Jr. Center; p.5 LC-DIG-fsa-8a03228; p.6 The Granger Collection, New York; p.7 top: Hulton Archive/Getty Images; p.7 bottom: NY Daily News/Getty Images; p.8 left: Martin Luther King, Jr. Center; p.8 right: John Elk III/Alamy; p.9 Time & Life Pictures/Getty Image; p.10 Tony Vaccaro/Getty Images; p.11 Time & Life Pictures/Getty Image; p.12 ullstein bild/The Granger Collection; p.13 top: The Granger Collection, New York; p.13 bottom: Bettmann/CORBIS; p.14-15 Time & Life Pictures/Getty Image; p.15 bottom: Zhukov Oleg/Shutterstock; p.16 left: Donald Uhrbrock/Getty Images; p.16 right: Volodymyr Kyrylyuk/Shutterstock; p.17 Flip Schulke/CORBIS; p.18 Margaret Bourke-White/Getty Images; p.19 Francis Miller/Getty Images; p.20 The Granger Collection, New York; p.21 Don Cravens/ Getty Images; p.22 LC-USZ62-126559; p.23 top: Francis Miller/Getty Images; p.23 bottom left: Cico/Shutterstock; p.23 bottom right: Donald Uhrbrock/Getty Images; p.24 left: Francis Miller/Getty Images; p.24 right: Paul Schutzer/Getty Images; p.25 Hulton Archive/Getty Images; p.26 Corbis Bridge/Alamy; p.27 top to bottom: Flip Schulke/CORBIS; Don Cravens/ Getty Images; Francis Miller/Getty Images; LC-DIG-ppmsca-03196; back cover Zhukov Oleg/ Shutterstock

Basado en los escritos de *TIME For Kids*.

*TIME For Kids* y el logotipo de *TIME For Kids* son marcas registradas de TIME Inc. Usado bajo licencia.

## Teacher Created Materials

5301 Oceanus Drive
Huntington Beach, CA 92649-1030
http://www.tcmpub.com
### ISBN 978-1-4333-4462-6
© 2012 Teacher Created Materials, Inc.

# Tabla de contenido

¡Injusto!

Un día, Martin llegó a casa sintiéndose triste. Un buen amigo suyo no podía jugar con él. Los padres del niño le habían dicho que no jugara con Martin porque éste tenía la piel oscura.

4

Los padres de Martin lo abrazaron. Le hablaron de las cosas **injustas** que les sucedían por el color de su piel. Le dijeron que la gente hace cosas terribles por culpa del miedo y el odio.

fuente para los afroamericanos

**¿Qué son los derechos civiles?**
Son las libertades que se otorgan a todos los ciudadanos, como la libertad de expresión, libertad para votar y libertad para congregarse pacíficamente.

Martin sabía que eso estaba mal. Quería que las cosas fueran mejores. "Pondré este mundo de cabeza," prometió.

## Nombres

Martin fue bautizado Michael, como su padre. Después, ambos cambiaron su nombre a Martin, quizá en honor de Martín Lutero, líder religioso que vivió hace muchos años. Pero sus familiares no lo llamaban Michael ni Martin. Le decían M.L., así como llamaban A.D. a su hermano Adam Daniel.

Martin Luther King Sr., el padre de Martin

Martin creció y se convirtió en el doctor Martin Luther King Jr., el gran líder de los **derechos civiles** y puso al mundo de cabeza.

# Donde el amor era lo importante

Martin Luther King Jr. nació el 15 de enero de 1929, en Atlanta, Georgia. Vivía en un hogar feliz. Él, su hermana, Christine y su hermano, A.D., siempre estaban rodeados de amor. Martin escribió que su hogar era un lugar "donde el amor era lo importante."

Christine y Adam Daniel (A.D.), los hermanos de Martin

el lugar de nacimiento de Martin Luther King Jr.

escuela para niños afroamericanos

Sin embargo, no todo era amor fuera de la casa de Martin. Los **afroamericanos** no tenían los mismos derechos que otras personas. Sufrían por el odio y el temor de los demás.

9

Cuando Martin tenía 15 años, iba
sentado en un autobús lleno de gente.
Subieron unas personas blancas y Martin
se vio obligado a cederles su asiento.
Viajó de pie 90 minutos. ¡Estaba furioso!

Los afroamericanos tenían que sentarse en la parte trasera del autobús.

La ley decía que Martin debía ceder su asiento, pero era una ley injusta.

abolición de la segregación en las escuelas en 1957

El padre de Martin era **pastor bautista**. Su madre, Alberta, era maestra y música. El padre de Martin estudió en la universidad en una época en la que pocos afroamericanos tenían esa oportunidad.

Los padres de Martin lo educaron con el ejemplo. Nunca iban de compras a lugares donde los trataban mal. Trabajaron duro para poner fin a la **segregación**.

# Segregación

La segregación es la separación de la gente por el color de su piel, manteniendo aparte todos los servicios públicos que pueden usar, como cuartos de baño, bebederos, cines y escuelas. Casi siempre, lo que podían usar los afroamericanos no era tan bueno como lo que se ponía a disposición de los demás.

Martin era muy inteligente.  Se saltó
dos grados y comenzó muy joven sus
estudios universitarios.

Martin también era un talentoso
orador.  Uno de sus discursos en

**Amor por los libros**

A Martin le encantaba leer y dedicaba mucho tiempo a la lectura. "Siempre estaba rodeado de libros," comentaba su padre. Parecía disfrutar tan sólo con tenerlos.

la escuela fue sobre la esclavitud en los Estados Unidos. Dijo que era particularmente mala, pues los estadounidenses creían que todas las personas "habían sido creadas libres e iguales."

## Teología

La teología es el estudio de Dios y la religión. El título de doctor significa que una persona ha estudiado mucho y se ha convertido en un experto en el tema. Un doctor que ayuda a las personas enfermas es un experto en medicina. Un doctor en teología es un experto en Dios y religión.

Asistió a Morehouse College en Atlanta. Después fue a la universidad en Boston para convertirse en ministro. Luego asistió a una tercera universidad para convertirse en doctor de teología.

En Boston, Martin conoció a una hermosa estudiante de música llamada Coretta Scott. Se casaron y tuvieron cuatro hijos.

Al concluir sus estudios universitarios, Martin comenzó a trabajar como **ministro**. Después se unió a su padre como pastor de la iglesia bautista Ebenezer en Atlanta.

Coretta Scott King y Bernice, la hija de Martin

En la universidad, Martin oyó hablar de Mohandas Gandhi. Gandhi luchaba para liberar a la India del dominio injusto británico, pero no comenzó una guerra para lograrlo. Encabezaba **marchas** y **boicots** pacíficos. Infringió las leyes **no equitativas**. Gandhi era **arrestado** y

### Gandhi

Mohandas Gandhi murió en 1948. Se le recuerda como uno de los más importantes líderes del cambio social sin violencia. Otro de estos líderes fue el doctor King.

**Resistencia**

Una marcha es un grupo numeroso de personas que desfilan juntas para dirigir la atención a un problema que les importa. Un boicot es cuando un grupo de personas deja de usar o comprar algo hasta que las cosas que están mal sobre ese algo cambien.

amenazado muchas veces, pero siguió trabajando de manera pacífica para la libertad.

A Martin le gustaban las ideas de Gandhi. Decidió hacer lo mismo para liberar a los afroamericanos de las leyes injustas y el maltrato.

Rosa Parks fue arrestada en 1955.

El primero de diciembre de 1955, Rosa Parks viajaba en un autobús en Montgomery, Alabama. Cuando subieron unas personas blancas, le dijeron que cediera su asiento. Ella se rehusó y la policía la arrestó.

Martin viajó orgulloso en el primer autobús después del fallo de la Corte Suprema.

Le pidieron a Martin que encabezara el boicot de los autobuses de Montgomery. Muchos afroamericanos optaron por no viajar en ellos durante varios meses. Finalmente, la **Corte Suprema de los Estados Unidos** dictaminó que era ilegal segregar los autobuses.

Martin encabezaba muchas causas del movimiento de los derechos civiles. Participaba en marchas y dio discursos. Era arrestado y amenazado muchas veces. En una ocasión lo apuñalaron y estuvo a punto de morir. Su casa fue bombardeada. Martin sólo decía, —Debemos enfrentarnos al odio con amor—. Siguió participando en marchas y **predicando** la paz y la **no violencia**.

Martin Luther King Jr.
arrestado en 1960

Marcha a Washington

En 1963, 250,000 personas marcharon a la ciudad de **Washington, DC**, para hablar de la libertad. Fue conocida como la Marcha a Washington. Martin pronunció su famoso discurso, "Tengo un sueño." Habló de su sueño de que un día todas las personas se unieran en paz y libertad.

Cincuenta mil personas siguieron el ataúd de Martin en camino a Morehouse College, donde fue enterrado.

Martin fue testigo de muchos cambios positivos en su vida, pero no pudo ver el día con el que había soñado. El 4 de abril de 1968, fue asesinado mientras pronunciaba un discurso en el balcón de un motel en Memphis, Tennessee. Tenía sólo 39 años de edad.

La noche antes, Martin pronunció un discurso y afirmó que no le preocupaba la muerte. Sabía que estaba cerca la "tierra prometida," un lugar donde sus sueños serían realidad.

El cumpleaños de Martin es un día festivo nacional en los Estados Unidos. Casi todas las ciudades más importantes tienen una escuela, un parque o una calle nombrada en su honor. El Centro King en Atlanta sigue adelante con la labor de Martin, buscando la justicia civil para todos a través de la no violencia.

Martin Luther King Jr. fue un verdadero héroe estadounidense. Y en verdad, puso al mundo de cabeza.

# Cronología de Martin Luther King Jr.

| | |
|---|---|
| **1929** | Nació el 15 de enero en la ciudad de Atlanta |
| **1944** | Ingresó a la universidad a los 15 años de edad |
| **1948** | Se graduó de Morehouse College |
| **1953** | Se casó con Coretta Scott ·············· |
| **1955** | • Obtuvo el grado de doctor en la Universidad de Boston<br>• Encabezó el boicot de los autobuses de Montgomery de diciembre de 1955 a diciembre de 1956 ·············· |
| **1956** | Participó en el movimiento de los derechos civiles |
| **1960** | Se unió a su padre como pastor de la iglesia bautista Ebenezer |
| **1963** | Encabezó la Marcha a Washington el 28 de agosto ····················· |
| **1964** | • Ganó el premio Nobel de la Paz (el galardonado más joven de la historia)<br>• El proyecto de ley de derechos civiles hizo ilegal la segregación |
| **1965** | Ley de derecho al voto, firmada por el presidente Johnson ·········· |
| **1968** | Asesinado el 4 de abril en Memphis, Tennessee, a los 39 años de edad |

# Glosario

**afroamericano**—un ciudadano estadounidense cuyos antepasados vinieron de África

**arrestado**—ser acusado y detenido por la policía

**bautista**—perteneciente a la religión cristiana bautista

**boicot**—cuando un grupo de personas deja de usar o comprar algo hasta que las cosas que están mal sobre ese algo cambien

**Corte Suprema de los Estados Unidos**—el tribunal más alto e importante de los Estados Unidos

**derechos civiles**—las libertades otorgadas a todos los ciudadanos

**injusto**—desigualdad

**marcha**—un grupo numeroso de personas que desfilan juntas para dirigir la atención a algo que les importa

**ministro**—una persona que dirige a otras en su vida religiosa o espiritual

**no equitativo**—que no es igual para todos

**no violencia**—resistencia de una manera pacífica

**pastor**—un ministro encargado de una iglesia

**predicar**—hablar con seriedad sobre el bien y el mal

**segregación**—separar a la gente por el color de su piel y mantener aparte los servicios públicos que utilizan

**Washington, DC**—la capital de los Estados Unidos